कुछ और तरह से भी

हस्तीमल 'हस्ती'

वाणी प्रकाशन
21-ए, दरियागंज, नई दिल्ली-110002
फोन : 23273167, 23275710, 51562622 फैक्स : 23275710
e-mail : vani_prakashan@yahoo.com
vani_prakashan@mantraonline.com

वाणी प्रकाशन का लोगो
विख्यात चित्रकार मकबूल फिदा हुसेन
की कूची से

ISBN: 81-8143-323-8

वाणी प्रकाशन
21-ए, दरियागंज, नयी दिल्ली-110002
द्वारा प्रकाशित

प्रथम संस्करण (वाणी) : 2005

मूल्य : 65.00

शुभम ऑफसेट, दिल्ली-110032
द्वारा मुद्रित

KUCHH AUR TARAH SE BHI (Gazal)
by HASTIMAL 'HASTI'

ग़ज़ल प्रेमियों को

'कुछ और तरह से भी' मेरी नज़र में

हिन्दी साहित्य के 'राजपथ' पर ग़ज़लकारों की भीड़ लगी है। सच पूछिए तो पाँच-दस को छोड़कर सभी ऐसे हैं, जिनके माथे पर साफ़ पढ़ा जा सकता है—'नाम बड़े दर्शन छोटे' मगर ये लोग दर्पण नहीं देखते।

वे दिन बीत गए, जब ग़ज़ल विधा हुस्न, इश्क, चमन, सय्याद, मिलन और जुदाई के अफ़सानों तक सीमित तथा मनबहलाव का साधन थी। आज की ग़ज़ल का आँचल इतना विस्तृत और विशाल हो गया है कि उसकी छाँव में सारी दुनिया के सुख-दुख सिमट आए हैं। जीवन की कोई सच्चाई कोई समस्या ऐसी नहीं है जो ग़ज़ल की सीमा से बाहर हो।

ग़ज़ल कहना बच्चों का खेल नहीं है। शायर बूढ़ा होता है तो उसकी ग़ज़ल जवानी की दहलीज़ पर क़दम रखती है। जो रचनाकार जीवन-सागर का मन्थन कर स्वयं विष-पान करने और दूसरों को अमृतदान करने की शक्ति रखता है, उसी की जटाओं से अवतरित होती है ग़ज़ल-गंगा।

'हस्ती' भी ग़ज़ल के शायर हैं। हिन्दी के वर्तमान ग़ज़लकारों में उनकी एक ख़ास पहचान भी है। यह पहचान इसलिए नहीं है कि उन्हें कवि सम्मेलनों में बड़े आदर के साथ बुलाया जाता है या उनकी ग़ज़लें जगजीत सिंह और पंकज उधास जैसे श्रेष्ठ कलाकारों ने गायी हैं। उनकी पहचान केवल इसलिए भी नहीं है कि वे 'काव्या' नाम की एक साहित्यिक पत्रिका के सम्पादक हैं। वे एक प्रतिष्ठित हस्ताक्षर के रूप में इसलिए परिचित हैं कि उन्होंने आम डगर से हटकर कुछ और तरह से भी ग़ज़ल कहने का सफल प्रयास किया है।

उनकी रचनाओं में भाषा का रखरखाव, शब्दों का चयन, चिंतन की गहराई, अभिव्यक्ति कौशल, ग़ज़ल की सभ्यता, संस्कार और सिद्धांत, वह

सभी कुछ मौजूद है जिसकी आशा एक अच्छे ग़ज़लकार से की जाती है।

'हस्ती' हवाई करतब नहीं दिखाते। वे धरती से जुड़े हैं, धरती की बात करते हैं। उनकी ग़ज़लों में वही भीनी सुगन्ध है जो बारिश के मौसम में मिट्टी से फूटती है।

घर के आँगन से समाज के गलियारों तक राजनीति के छल से मिलन के मधुमास और वियोग के पतझड़ तक जो कुछ 'हस्ती' की आँखें देखती हैं उसका वर्णन वे अपनी ग़ज़लों में बड़ी ईमानदारी से कर देते हैं। मगर कहीं भी ग़ज़ल के बंधनों से मुक्त नहीं होते। यही विशेषता उन्हें समकालीन कवियों से अलग करती है।

सफ़र जारी है। मुझे विश्वास है कि ग़ज़लकार के रूप में 'हस्ती' का भविष्य उज्ज्वल है। मैं बधाई देता हूँ और इस ग़ज़ल-संग्रह के लिए लोकप्रियता की कामना करता हूँ।

– ताजदार ताज
फीतवाला कम्पाउण्ड
कुरला पश्चिम
मुम्बई-400070

सृजन और मैं

प्रकृति ने अभिव्यक्ति के लिए कुछ को ज़ुबान, कुछ को संगीत-नृत्य, कुछ को कलम-कूँची आदि दिए हैं। समझ आने पर मैंने भी अपने हाथ में कलम पाई। अपने सामाजिक वातावरण से अलग यदि थोड़ा-बहुत लेखन के क्षेत्र में हूँ तो इसे नियति की मर्ज़ी ही मानता हूँ। न तो कोई ख़ास पढ़ाई, न परिवेश, न विरासत ही। पिताजी की रुचियाँ अवश्य कुछ मिलती-जुलती थीं। जिन लोगों के बीच खुद को पाया, उन्हें धन कमाने के तो सौ नुस्ख़े आते थे, जीवन सँवारने का एक भी नहीं। मेरी सोच जाने क्यों इससे सहमत नहीं रही। नियति ने यह असहमति देकर मुझे इनाम दिया या सज़ा आज तक तै नहीं कर पाया। यही मानता रहा कि जीवन की राहों पर ढर्रे से अलग कुछ और तरह से भी चलना चाहिए। इसी में जीवन की सार्थकता है। पैसों ने भी अपनी अहमियत मनवाई क्योंकि कविता रूहानी ज़रूरत ही पूरा कर पाती है सांसारिक नहीं! फिर भी कभी-कभी एक अच्छा शेर जो खुशी दे जाता है उसके आगे बड़ी से बड़ी खुशी फीकी पड़ जाती। अगर कभी 'अर्थ' और कविता दोनों में से एक को चुनने का वक़्त भी आया तो कविता 'अर्थ' को धकेल कर सदा आगे खड़ी हो गई। क्यों? इसका जवाब तो नियति ही दे सकती है।

ग़ज़ल की राह पकड़ना आसान है चलना बहुत मुश्किल। 'कुछ और तरह से' चलना तो और भी मुश्किल। 'क्या कहें किससे कहें' मेरी पहली कोशिश थी। यह संकलन उसी की अगली कड़ी है।

मदन पाल, सिब्बन बैजी, देवमणि पांडे, कैलाश सेंगर जो साये की तरह हर ग़ज़ल में हैं, मुझे सदैव अगले संग्रह के लिए प्रेरित करते रहे। मुम्बई के परिचित शायरों में सुदर्शन फ़ाकिर, ताजदार ताज, निदा फ़ाज़ली, क़ैसर-उल-ज़ाफ़री, सूर्यभानु गुप्त मेरे जज़्बात के काफी करीब

रहे। बाहर के भी कई शायरों ने प्रभावित किया। इस राह में कभी थोड़ी-बहुत क़ामयाबी मिली तो सबसे पहले नियति का आभार माना, जिसने मेरे हाथों में कलम थमाई। घर-परिवार तो सदैव साथ रहा ही।

—हस्ती

28, कालिका निवास, नेहरू रोड,
सांताक्रुज (पूर्व) मुम्बई-400055

अनुक्रम

मंज़िल ने दिए ताने, रस्ते भी हँसे लेकिन
चलते रहे अक्सर हम, कुछ और तरह से भी

1

ये मुमकिन है कि मिल जाएँ तेरी खोई हुई चीज़ें
क़रीने से सजा कर रख ज़रा बिखरी हुई चीज़ें

कभी यूँ भी हुआ है हँसते-हँसते तोड़ दी हमने
हमें मालूम था जुड़ती नहीं टूटी हुई चीज़ें

ज़माने के लिए जो हैं बड़ी नायाब और महँगी
हमारे दिल से सब की सब हैं वो उतरी हुई चीज़ें

दिखाती हैं हमें मजबूरियाँ ऐसे भी दिन अक्सर
उठानी पड़ती हैं फिर से हमें फेंकी हुई चीज़ें

किसी महफ़िल में जब इंसानियत का नाम आया है
हमें याद आ गईं बाज़ार में बिकती हुई चीज़ें

2

हम जिनके लिए शम्अ की मानिंद जले थे
वे लोग तो सूरज की तरफ़ देख रहे थे

कुछ और सबक़ हम को ज़माने ने सिखाए
कुछ और सब़क हमने किताबों में पढ़े थे

सरहद पे जो कटते तो कोई ग़म नहीं होता
है ग़म तो ये सर घर की लड़ाई में कटे थे

जब खुद से मिला मैं तो सभी कर दिये सीधे
जितने भी वरक़ मेरी किताबों के मुड़े थे

सर पे जिन्हें रखा है बड़ी शान से तुमने
वे ताज़ मेरे घर के खिलौनों में पड़े थे

दिल को जो मेरे भाये थे अनमोल नगीने
वे और किसी की ही अँगूठी में जड़े थे

3

मेरे घर के रस्ते में है मस्जिद भी बुतख़ाना भी
सजदा भी है मुझको प्यारा, प्यारा शंख बजाना भी

रहबर बन के मिल जाता है रस्ता कोई अनजाना भी
सीधी राह पे ले आता है यूँ ही कहीं मुड़ जाना भी

आसानी से पहुँच न पाओगे इंसानी फ़ितरत तक
कमरे में कमरा होता है कमरे में तहख़ाना भी

दिल बच्चे की सूरत है बेशक बिठलाना पलकों पर
ज़िद जो करे बेमानी कोई तो उसको समझाना भी

क्यों हँसते हो बंजारों पे घर-आँगन-बस्ती-वालों
किसको बाँध के रख पाया है कोई ठौर ठिकाना भी

जीवन की इस राह-गुज़र में दोनों रंग ज़रूरी हैं
रस्सी-सा बल खाना भी और आँचल-सा लहराना भी

इक चौराहे के जैसा है जिसको जीवन कहते हैं
राहों-सा मिल जाना भी है राहों-सा बँट जाना भी

दरिया जैसा फैले रहना है अपना अंदाज मगर
वक़्त पड़े आता है हमको बूँदों में ढल जाना भी

जाने कैसे सुधरेगा ये हाल तुम्हारा हस्ती जी
कुछ तो चारागर भी नये हैं कुछ है रोग पुराना भी

4

नहीं लगने दी मैंने अपनी क़ीमत कौन मानेगा
भले जाती रही हाथों से जन्नत कौन मानेगा

बलाओं को सदा देते हैं जब घर से निकलते हैं
यही आदत हमें देती है ताक़त कौन मानेगा

जिसे हम ढूँढ़ते फिरते हैं सारी उम्र दुनिया में
वो अपने घर में ही होती है राहत कौन मानेगा

मुलाक़ातें न बातें फ़िक्र फिर भी एक दूजे की
है ये भी इक अंदाज़े-मुहब्बत कौन मानेगा

फ़क़त मैं प्यार से आवाज़ देता हूँ उसे आ जा
इसी ढब से मैं करता हूँ इबादत कौन मानेगा

ज़माना ढूँढ़ता है जिसको माज़ी की किताबों में
नज़र के सामने है वो हक़ीक़त कौन मानेगा

दिलों से देखने की शै है जिसको हुस्न कहते हैं
हर इक गुल पे लिखी है ये इबारत कौन मानेगा

ये बस्ती छोड़ कर जंगल में जाने से तो 'हस्ती जी'
ज़ियादा फन उठाती है ज़रूरत कौन मानेगा

5

कोशिशों में दम न था
वक़्त वरना कम न था

दोस्ती के ज़ख़्म का
कोई भी मरहम न था

वक़्त, हिम्मत, आसरा
सब तो थे; मौसम न था

किस क़दर हम मानते
जिस क़दर था; कम न था

सारे ग़म हैं घर के साथ
घर न था तो ग़म न था

6

सुब्ह जुदा है रात जुदा
अपनी तो हर बात जुदा

तुमसे बिछड़ कर ऐसा लगा
जैसे दुआ में हाथ जुदा

वक़्त तुम्हें समझाएगा
हम तुम थे बेबात जुदा

सब तो आते रहते हैं
तुम आओ तो बात जुदा

रिश्ते, नाते, प्यार, वफ़ा
नाम हैं ग़म के ज़ात जुदा

7

महल, अटारी, बाग़-बग़ीचा, मेला, हाट घुमा कर देख
फिर भी बच्चा ना बहले तो, लोरी एक सुना कर देख

छू हो जाती है धज सारी या कुछ बाक़ी रहता है
डिगरी, पदवी, ओहदों से तू अपना नाम हटा कर देख

चार दिनों में भर जाएगा दिल इन मेलों-खेलों से
चाह रहेगी सदा नवेली मन को रोग लगा कर देख

जंतर-मंतर जादू-टोने झाड़-फूँक, डोरे-ताबीज़
छोड़ अधूरे-आधे नुस्ख़े ग़म को गीत बना कर देख

शब के बाद सबेरे जैसा बचता ही जाऊँगा मैं
चाहे जितनी बार मुझे तू ख़ुद से जोड़ घटा कर देख

उलझन और गिरह तो हस्ती हर धागे की क़िस्मत है
आज नहीं तो कल उलझेगी जीवन-डोर बचा कर देख

8

दोस्ती, चाहत, वफ़ा इक हद तलक़
ये अदाकारी निभा इक हद तलक़

सबके सब हैं बेख़बर ख़ुद से यहाँ
सबको है अपना पता इक हद तलक़

काम आती है बस अपनी रोशनी
साथ देता है दिया इक हद तलक़

प्यार की दुनिया वो दुनिया है जहां
फ़र्ज़ होता है अदा इक हद तलक़

शोख़ियों का लुत्फ़ भी कुछ लीजिए
ठीक होती है हया इक हद तलक़

हर सितम कर इम्तहां के नाम पर
सब्र मेरा आज़मा इक हद तलक़

साफ़गोई, सादगी, दरियादिली
चलिये लोगों से जुदा इक हद तलक़

भूल मत 'हस्ती' दुआ माँ-बाप की
काम करती है दवा इक हद तलक़

9

आ गया जब से समझ में राज़े-ख़ुद्दारी मुझे
ग़ैर की चौखट लगे है उसकी चौखट भी मुझे

ढाल कर ग़ज़लों में ग़म को रख लिया करता हूँ मैं
क्या सताएगी जहां की कोई दुश्वारी मुझे

अच्छी लगती है परी की दास्तां जिस उम्र में
तब भी भाती थी कहानी कर्बला वाली मुझे

चार दीवारी में जब भी मैं रहा कुम्हला गया
रास्तों का रास आता है हवा-पानी मुझे

ये नहीं पहली दफ़ा ही मिल रहा हूँ ख़ुद से मैं
फिर भी करनी पड़ रही है कितनी तैयारी मुझे

10

क्या ख़ास क्या है आम ये मालूम है मुझे
किसके हैं कितने दाम ये मालूम है मुझे

मैं लड़ रहा हूँ रात से लेकिन उजाले पर
होगा तुम्हारा नाम ये मालूम है मुझे

होता है ऐसा कोई न कोई तो दर जहाँ
झुकते हैं सारे नाम ये मालूम है मुझे

ख़ैरात में जो बाँट रहा हूँ उसी के कल
देने पड़ेंगे दाम ये मालूम है मुझे

जब तक हरा-भरा हूँ उसी रोज़ तक हैं बस
सारे दुआ-सलाम ये मालूम है मुझे

रखते हैं कहकहों में छुपाकर उदासियाँ
ये मयकदे तमाम, ये मालूम है मुझे

11

प्यार में उनसे करूँ शिकायत, ये कैसे हो सकता है
छोड़ दूँ मैं आदाबे-मुहब्बत, ये कैसे हो सकता है

चंद किताबें तो कहती हैं, कहती रहें, कहने से क्या
इश्क न हो इंसां की ज़रूरत, ये कैसे हो सकता है

फूल न महकें, भँवरें न बहकें, गीत न गाये कोयलिया
औ' बच्चे ना करें शरारत, ये कैसे हो सकता है

जन्नत का अरमान अगर है, मौत से कर ले याराना
जीते जी मिल जाए जन्नत, ये कैसे हो सकता है

कोई मुहब्बत से है ख़ाली कोई सोने-चाँदी से
हर झोली में हो हर दौलत, ये कैसे हो सकता है

अपनी लगन में, अपनी वफ़ा में कोई कमी होगी 'हस्ती'
वरना रंग न लाए चाहत, ये कैसे हो सकता है

12

थी अपनी हद में धूल, अभी कल की बात है
राहों के थे उसूल, अभी कल की बात है

काफ़ी थी एक ठेस बिखरने के वास्ते
इंसान भी थे फूल, अभी कल की बात है

उम्रों का वो लिहाज़ कि बरगद की राह में
आते न थे बबूल, अभी कल की बात है

दोनों ही एक डाल के पंछी की तरह थे
ये राम वो रसूल, अभी कल की बात है

आती थी बात जब भी वतन के वक़ार की
क़ुरबानी थी क़ुबूल, अभी कल की बात है

अपनी तो ख़ैर गिनती दीवानों ही में रही
करते थे तुम भी भूल, अभी कल की बात है

13

रास्ता किस जगह नहीं होता
सिर्फ़ हमको पता नहीं होता

बरसों रुत के मिज़ाज सहता है
पेड़ यूँ ही बड़ा नहीं होता

आग क्या है बताऊँ क्या तुमको
बिन जले तजरबा नहीं होता

छोड़ दें रास्ता ही डर के हम
ये कोई रास्ता नहीं होता

जिस्म ऐसा लिबास है साहब
चाहने से नया नहीं होता

घर से बेटी गई तो याद आया
फल कभी पेड़ का नहीं होता

एक नाटक है ज़िंदगी यारो!
कौन बहुरुपिया नहीं होता

ख़ौफ़ राहों से किसलिये 'हस्ती'
हादसा घर में क्या नहीं होता

14

टकराए जैसे आईना पत्थर से बार बार
यूँ लड़ रहा हूँ अपने मुक़द्दर से बार बार

मैं ही समझ सका न ये मेरा क़ुसूर है
तक़दीर तो गुज़रती रही दर से बार बार

अपना ही नाम हमने अँगूठी में जड़ लिया
मिन्नत करें तो किसलिए गौहर से बार बार

ऐ दोस्त! ज़हर पीने की तैयारियाँ भी रख
अमरित नहीं निकलता समन्दर से बार बार

या रब! हमें ये पाँव भी तूने अता किए
तू ही सँभाल निकलें जो चादर से बार बार

15

हम ले के अपना माल जो मेले में आ गए
सारे दुकानदार दुकानें बढ़ा गए

बस्ती के क़त्ले-आम पे निकली न आह भी
ख़ुद को लगी जो चोट तो दरिया बहा गए

दुनिया की शोहरतें हैं उन्हीं के नसीब में
अंदाज़ जिनको बात बनाने के आ गए

फ़नकार तो ज़माने में गुमनाम ही रहे
ताजिर थे जो हुनर के ज़माने पे छा गए

दोनों ही एक जैसे हैं कुटिया हो या महल
दीवारो-दर के मानी समझ में जो आ गए

नज़रें हटा लीं अपनी तो ये मोजज़ा हुआ
जल्वे सिमट के ख़ुद मेरी आँखों में आ गए

पंडित उलझ के रह गए पोथी के जाल में
क्या चीज़ है ये ज़िंदगी बच्चे बता गए

16

हँसती गाती तबीयत रखिए
बच्चों वाली आदत रखिए

शोला, शबनम, शीशे जैसी
अपनी कोई फ़ितरत रखिए

हँसी, शरारत, बेपरवाही
इनमें अपनी रंगत रखिए

छेड़-छाड़, आवारागर्दी
करने की भी फ़ुरसत रखिए

भरे-भरे मानी की ख़ातिर
कभी कभी कोरा ख़त रखिए

काम के इंसां हो जाओगे
हम जैसों की सोहबत रखिए

17

सबकी सुनना, अपनी करना
शहरे-वफ़ा से जब भी गुज़रना

अनगिन बूँदों में कुछ को ही
आता है फूलों पे ठहरना

बरसों याद रखें ये मौजें
दरिया से यूँ पार उतरना

फूलों का अंदाज़ सिमटना
खुशबू का अंदाज़ बिखरना

गिरना भी है बहना भी है
जीवन भी है कैसा झरना

अपनी मंज़िल ध्यान में रखकर
दुनिया की राहों से गुज़रना

18

जिसको सुकून कहते हैं अक्सर नहीं मिला
नींदें नहीं मिलीं कभी बिस्तर नहीं मिला

दहलीज़ अपनी छोड़ दी जिसने भी एक बार
दीवारो-दर ही उसको मिले घर नहीं मिला

दूरी वही है अब भी क़रीबी के बावजूद
मिलना उसे जहाँ था वहाँ पर नहीं मिला

कुछ और साजिशों के हैं आसार इस बरस
उनकी गली में एक भी पत्थर नहीं मिला

सारी चमक हमारे पसीने की है जनाब
विरसे में हमको कोई भी ज़ेवर नहीं मिला

घर से हमारी आँख-मिचौली रही सदा
आँगन नहीं मिला तो कभी दर नहीं मिला

19

ज़िन्दगी ने तो बहुत रुतबे दिए अक्सर हमें
रास आया ही नहीं कुछ प्यार से बढ़कर हमें

वार तो ख़ाली गए हैं मौत के भी दोस्तो!
जीतना चाहो तो जीतो बाँह में भर कर हमें

भूल से भी कोई मीठा-सा न आ जाए कहीं
दर्द भी देती है तक़दीर चख-चख कर हमें

आप भी सुकरात की सूरत अमर हो जाएँगे
सच का ऐसा ज़हर हैं हम देखिए पीकर हमें

कुछ तो हम लाचार थे अपने युधिष्ठिर से ही साब
कुछ बचा पाई न धोखबाज से चौसर हमें

20

जब तलक़ लहरों से रिश्ता नहीं होने वाला
पार तुमसे कोई दरिया नहीं होने वाला

और भी चाहिए कुछ दिल के उजालों के लिए
सोने-चाँदी से उजाला नहीं होने वाला

उसके परदे पे निगाहों को जमाए रखना
हर घड़ी उसका इशारा नहीं होने वाला

लाख इसरार करें कितना ही रोएँ बच्चे
सस्ता अब कोई खिलौना नहीं होने वाला

ज़िंदगी चाहिए इन चेहरों को पढ़ने के लिए
एक दो दिन में तज़रबा नहीं होने वाला

आज वो मुझसे दवा पूछ रहे हैं 'हस्ती'
जो ये कहते थे मैं कभी अच्छा नहीं होने वाला

21

हमने जिसको अपना जाना
उसका भी था कहाँ ठिकाना

क़िस्मत वालों को मिलते हैं
इश्क़ फ़क़ीरी, फ़न, याराना

वक़्त किधर झुकता है देखें
इधर अकेला उधर ज़माना

मैं जब-जब वो हो जाता हूँ
दुनिया कहती है दीवाना

ये भी अपने पर रखते हैं
बात, ख़बर, अफ़वाह, फ़साना

मन मंदिर में मिल लेना था
अपना तो है यही ठिकाना

22

झील का बस एक क़तरा ले गया
क्या हुआ जो चैन दिल का ले गया

मुझसे जल्दी हार कर मेरा हरीफ़
जीतने का लुत्फ़ सारा ले गया

एक उड़ती-सी नज़र डाली थी बस
वो न जाने मुझसे क्या-क्या ले गया

बोझ दुनिया का लिए फिरता था कल
आज उसको बोझ उसका ले गया

देखते ही रह गए तूफ़ान तो
खुशबुओं का लुत्फ़ झोंका ले गया

वक़्त ने 'हस्ती' किया कैसा फ़रेब
घर दिखाकर घर का रस्ता ले गया

23

ख़ुशनुमाई देखना ना क़द किसी का देखना
बात पेड़ों की कभी आए तो साया देखना

ख़ूबियाँ पीतल में भी ले आती है कारीगरी
जौहरी की आँख से हर एक गहना देखना

झूठ के बाज़ार में ऐसा नज़र आता है सच
पत्थरों के बाद जैसे कोई शीशा देखना

ज़िन्दगानी इस तरह है आजकल तेरे बग़ैर
फ़ासले से कोई मेला जैसे तन्हा देखना

देखना आसां हैं दुनिया का तमाशा तो हुज़ूर
है बहुत मुश्किल मगर अपना तमाशा देखना

24

आँखों क़ा नशा ज़ुल्फ़ की उलझन नहीं लेते
हम वो हैं जो अपने लि्ए बंधन नहीं लेते

इस दौर में वो लोग अजूबे की तरह हैं
जो फ़र्ज़ तो करते हैं अदा धन नहीं लेते

दिन काट लिया करते हैं सहरा की तपिश में
लेकिन कभी हम भीख में सावन नहीं लेते

सजने की गरज़ जिनको है ख़ुद आके मिलें वो
ज़हमत कहीं जाने की ये दरपन नहीं लेते

मेहनत की कमाई पे जो करते हैं गुज़ारा
मोती भी लगे हों तो भी उतरन नहीं लेते

25

खुद पर गई नज़र तो मुझे सोचना पड़ा
जंगल बना है घर तो मुझे सोचना पड़ा

ख़ुश हो रहा था जिसको शराफ़त समझ के मैं
निकला वो मेरा डर तो मुझे सोचना पड़ा

था रात भर ये ख़ौफ कि डस लेगी तीरगी
जब हो गई सहर तो मुझे सोचना पड़ा

जंगल की आग से तो मेरा वास्ता न था
झुलसे जो मेरे पर तो मुझे सोचना पड़ा

तस्वीर एक रोज़ वो मैंने हटा तो ली
घर-सा रहा न घर तो मुझे सोचना पड़ा

26

काम सभी हम ही निबटाएँ यूँ थोड़े ही होता है
आप तो बैठे हुक़्म चलाएँ यूँ थोड़े ही होता है

ज़िम्मेदारी भी तो कोई चीज़ हुआ करती है यार
हम दोनों रौ में बह जाएँ यूँ थोड़े ही होता है

अपने हुनर की शेख़ी मारे वक़्त नाच का आए तो
आँगन को टेढ़ा बतलाएँ यूँ थोड़े ही होता है

बनने खिलने में चीज़ें कुछ वक़्त लिया करती हैं दोस्त
चट बोयें पट फल आ जाएँ यूँ थोड़े ही होता है

कभी कभी तो आप भी हमसे मिलने की तकलीफ़ करें
हरदम हम ही आएँ जाएँ यूँ थोड़े ही होता है

27

सबसे अच्छी प्यार की बातें
बाक़ी सब बेकार की बातें

फूलों चाँद सितारों से भी
दिलकश हैं दिलदार की बातें

उसकी ही फ़ितरत जैसी हैं
तितली, फूल, बहार की बातें

दिल नहीं भरता कितनी ही कर लें
प्यार की बातें यार की बातें

चाहत की तौहीन है 'हस्ती'
प्यार में जीत औ' हार की बातें

28

जो बाग़ के फूलों की हिफ़ाज़त नहीं करते
हम ऐसे उजालों की हिमायत नहीं करते

ज़िंदा है मेरे शहर में क्यों ज़ुल्म अभी तक
मुंसिफ़ तो गुनाहों की वकालत नहीं करते

जूड़े में ही सजने का फ़क़त शौक़ है जिनको
हम ऐसे गुलाबों से मुहब्बत नहीं करते

ऐसा नहीं ज़ख़्मों से बदन चूर नहीं है
हम फिर भी ज़माने से शिकायत नहीं करते

माना कि दुकां लेके यहाँ बैठे हैं हम भी
लेकिन कभी रिश्तों की तिजारत नहीं करते

29

अपने वहमो-क़यास रहने दो
ग़म मेरे आसपास रहने दो

भीड़ का क्या है कब बिखर जाए
दोस्त कुछ ख़ास-ख़ास रहने दो

देखना चाहता हूँ दम अपना
मुझको यूँ ही उदास रहने दो

कुछ नहीं होगा तै है ये फिर भी
इक सहारा है आस रहने दो

ऊब जाओगे राहतों से तुम
अपने होठों पे प्यास रहने दो

तुमसे कुछ तो अलग दिखाई दूँ
मेरे तन पर लिबास रहने दो

30

एक हद तक है नज़र मेरे साथ
और बेहद है सफ़र मेरे साथ

लम्हे भर की थी मुलाक़ात मगर
ज़िंदगी भर रहा डर मेरे साथ

इक भरम है मेरा बंजारापन
घूमता है मेरा घर मेरे साथ

जो उधर जाऊँ गुज़र जाता है
हादसा कोई इधर मेरे साथ

लुत्फ़ आराम का तू क्या जाने
कभी ऐ वक़्त ठहर मेरे साथ

उम्र दर उम्र मुझे चलना है
मंज़िलें हैं न डगर मेरे साथ

31

इस दुनिया का राज़ समझना
जैसे कोई अक्स पकड़ना

जान के भी अनजान रहे हम
खुशबू को इक दिन है बिखरना

बेरौनक हो जाओगे तुम
अपनेपन से दूर न रहना

ख़ामोशी भी लगे सदा सी
चेहरे पे वो जादू रखना

मेले तुझको लगें देखने
इतने बाँके बनकर रहना

रिसते हैं तालाब, नदी सब
खेल नहीं है खुद में रहना

32

ये वक़्त का पयाम ज़रा ध्यान में रहे
हर सुबह की है शाम ज़रा ध्यान में रहे

सौदागरों के शहर में क्या प्यार क्या ख़ुलूस
हर चीज़ के हैं दाम ज़रा ध्यान में रहे

कुछ और लग्ज़िशे ही बढ़ाएँगे आपकी
ये शोहरतों के जाम ज़रा ध्यान में रहे

घोड़ा हो या पियादा हो राजा हो या वज़ीर
हैं वक़्त के गुलाम ज़रा ध्यान में रहे

ख़ुशबू, धनक, बहार, नशा, चाँदनी, ग़ज़ल
सब हैं उसी के नाम ज़रा ध्यान में रहे

33

क्यों फ़िदा हैं इस नज़र पर कुछ पता है आपको
संग भी हो जाए गौहर कुछ पता है आपको

आपको जब देखते हैं सोचते हैं देर तक
चाँद, शीशा, गुल, सुख़नवर, कुछ पता है आपको

प्यार के जादू के आगे हम भला क्या चीज़ हैं
आप ख़ुद हो जाएँ पत्थर कुछ पता है आपको

आप तो आने की कह कर खो गये जाने कहाँ
दिन गिने हैं ज़िन्दगी भर कुछ पता है आपको

जो शिवाले प्यार की क़ीमत नहीं पहचानते
एक दिन होते हैं खँडहर कुछ पता है आपको

34

काँच के टुकड़े को महताब बताने वाले
हमको आते नहीं आदाब ज़माने वाले

दर्द की कोई दवा लेके सफ़र पे निकलो
जाने मिल जाएँ कहाँ ज़ख़्म लगाने वाले

ग़ैर की आह से भी लोग तड़प जाते थे
वो ज़माना ही रहा ना वो ज़माने वाले

वो करिश्माई जगह है ये मुहब्बत की बिसात
हार जाते हैं जहाँ सबको हराने वाले

मेरे क़िस्से के सिवा फिर कोई क़िस्सा न हुआ
उठ गए बज़्म से सब सुनने सुनाने वाले

35

थोड़ी इधर-उधर होती है
सबकी एक डगर होती है

साहिल से बढ़ जाए आगे
सौ में एक लहर होती है

जान से जाना इस बस्ती में,
आई-गई ख़बर होती है

कुछ अच्छा कुछ बुरा कहेंगे,
अपनी-अपनी नज़र होती है

होती है अपने ही घर में,
जन्नत कहीं अगर होती है

36

गुल हो समर हो शाख़ हो किस पर नहीं गया
खुशबू पे लेकिन एक भी पत्थर नहीं गया

सारा सफ़र तमाम हुआ ज़ेहन से मगर
रस्ते की धूप-छाँव का मंज़र नहीं गया

हम भी मक़ाम छोड़ के इज़्ज़त गँवाएँ क्यूँ
नदियों के पास कोई समन्दर नहीं गया

अब इसको ख़ब्त कहिए कि अंदाज़ इक मेरा
महबूब के भी सामने सजकर नहीं गया

इक बार जिसने देख ली महबूब की गली
फिर लौट के वो शख़्स कभी घर नहीं गया

37

ऐसा मौसम आया अबके बड़े दिनों के बाद
सहरा-सहरा बादल बरसे बड़े दिनों के बाद

उन पर कैसी गुज़र रही है ये उनसे पूछो
हम तो अपने आप में लौटे बड़े दिनों के बाद

प्रिय से मिलने जैसे कोई वक़्त से पहले ही पहुँचे
ऐसे खुशियाँ आईं चल के बड़े दिनों के बाद

वक़्त की तंगी ले जाएगी जाने कहाँ हमको
मिलने वाले भी हैं मिलते बड़े दिनों के बाद

तब्दीली रस्मों में आई है या रस्तों में
बंजारे राहों पे देखे बड़े दिनों के बाद

दुनिया को तो समझ लिया था चंद दिनों में ही
लेकिन अपने आपको समझे बड़े दिनों के बाद

38

थोड़ा सा क्या देखा अम्बर
पाँव नहीं टिकते धरती पर

उलझी को सुलझाने बैठे
सुलझी को रख दे उलझाकर

बेघर हो बैठा है पगला
एक दफ़ा उनके घर जाकर

जिनका मन ख़ाली होता है
लोग वो जाते हैं पूजाघर

दुनिया को समझाने वाले
देख कभी ख़ुद को समझाकर

उमर गई पर समझ न पाए
कितने मुश्किल ढाई आखर

39

हम जो आए साफ़ निकल के
होश हुए हैं गुम दलदल के

शबनम, आँसू, बादल, दरिया
कई रूप हैं और भी जल के

काँटे बाज़ नहीं आएँगे
चाहे जितना चलो सँभल के

दिल की हालत पूछने वालो
देखो कोई फूल मसल के

'हस्ती' घोड़े - गाड़ी वाले
क्या जानेंगे सुख पैदल के

40

पहले अपना मुआयना करना
फिर ज़माने पे तब्सरा करना

एक सच्ची पुकार काफ़ी है
हर घड़ी क्या ख़ुदा-ख़ुदा करना

जब भी चाहत जगे समन्दर की
इक नदी की तरह बहा करना

ग़ैर मुमकिन भी है गुनाह भी है
पर को परवाज़ से जुदा करना

आप ही अपने काम आएँगे
सीखिए ख़ुद से मशवरा करना

41

आदमी हो या फ़रिश्ता बस यही अक्सर हुआ
जिसने देखा है पलट कर राह का पत्थर हुआ

एक दुश्मन-सी रही है देहरी बेटी के साथ
वो हुआ ससुराल चाहे या भले पीहर हुआ

चालबाज़ी से हुआ है हर खिलाड़ी क़ामयाब
जिसने सच्चा खेल खेला खेल के बाहर हुआ

ग़लतियाँ थीं आपकी और हमने माँगीं माफ़ियाँ
ये तमाशा आपके दरबार में अक्सर हुआ

42

तुम क्या आना जाना भूले
हम तो हँसना हँसाना भूले

एक तार क्या तोड़ा तुमने
सारा ताना - बाना भूले

तुमने ही ये बाग़ लगाया
तुम ही फूल खिलाना भूले

हमसे भूल हुई क्या बोलो
क्या तुमको लौटाना भूले

एक तुम्हें ही भूल न पाए
वरना हम क्या क्या ना भूले

43

अपनी मरज़ी से हम ढलान में थे
दुनिया समझी कि इम्तहान में थे

सोग का जिस जगह तक़ाज़ा था
उस जगह भी वे आन-बान में थे

बाद में हर कोई ये कहता है
ये तरीके मेरे भी ध्यान में थे

कितने दिन वो ज़मीन पर रहते
उनके तो घर ही आसमान में थे

बस कमी थी तो रख-रखाव की थी
फूल तो सबके फूलदान में थे

44

सपने, यादें, डर, अनुराग
बैठे - बैठे भागमभाग

खेल नहीं है बच्चों का
क़ुरबानी, चाहत, बैराग

क़िस्मत को इल्ज़ाम न दो
जैसी लकड़ी वैसी आग

ये कब दस्तक देते हैं
गाहक, मौत, मुसीबत, दाग़

फ़र्क है रंगों का 'हस्ती'
राग-विराग हैं दोनों फाग

45

जिस शख़्स को ग़म अपने भुलाने नहीं आते
उसके लिए ख़ुशियों के ज़माने नहीं आते

कतरा के न चलिए कभी पथरीली डगर से
आसान सी राहों में खज़ाने नहीं आते

मुश्किल में फ़कत ग़ैर ही दुश्मन नहीं बनते
अपने भी तो अपनों को बचाने नहीं आते

आ जाए अगर वक़्त तो है जान भी हाज़िर
हम उनमें से हैं जिनको बहाने नहीं आते

मैं इसलिए हर शख़्स की नज़रों में बुरा हूँ
बस मुझको मेरे ऐब छुपाने नहीं आते

46

इस तरह याद आएँगे हम फ़ुरसतों के दरमियां
ज्यों खनक जाए है कुछ ख़ामोशियों के दरमियां

तेरी बीनाई किसी दिन छीन लेगा देखना
देर तक रहना तेरा ये आईनों के दरमियां

ले रही हैं मंज़िलें भी क्या ग़ज़ब का इम्तहां
पेड़ - पौधे तक न छोड़े रास्तों के दरमियां

क़ैद-सी महसूस करता है दिलों का राज़ भी
खुल नहीं जाता है जब तक दूसरों के दरमियां

दूरियाँ - नज़दीकियाँ ऐसी ही हम दोनों में हैं
जैसी होती हैं अमूमन दो घरों के दरमियां

इक अलग ही तर्ज़ के होते हैं शोहरत के शिखर
सीढ़ियाँ रहती हैं ग़ायब सीढ़ियों के दरमियां

हर मुसाफ़िर की नज़र ऐसी कहाँ जो देख ले
फ़ासले कुछ और भी हैं फ़ासलों के दरमियां

47

हमसे बिछड़ कर जाते हो
भूल गए तुम रस्ता तो

हो जाए वो हम जैसा
हमें बदलने आए जो

भँवर उठे हैं पानी में
लहर न कोई प्यासी हो

थान अँगूठी से निकले
इतनी कात मुहब्बत को

रोज़ रहो दुनिया के मगर
कभी-कभी ख़ुद के हो लो

दुख घेरे तो खेला कर
अक्कड़-बक्कड़-बम्बे बो

अच्छे नहीं थे हो गए हम
उसने जो पूछा अच्छे हो

पहन-पहन कर 'हस्तीजी'
रिश्तों को मैला न करो

48

ग़म पे यूँ मुस्करा दिया जाए
वक़्त भी सोचता हुआ जाए

ख़्वाब, शीशा, ख़ुमार या जादू
ज़िंदगानी को क्या कहा जाए

मारती है कि ये जिलाती है
ज़ीस्त से पूछ तो लिया जाए

हर हथेली में ये लकीरें हैं
क्या किया जाए क्या किया जाए

अब तो कपड़ों में भी दिखे नंगा
कैसे इंसान को ढँका जाए

49

कोई मुसाफ़िर आये पलटकर समझो कुछ तो है
रस्ता रोके कोई मंज़र समझो कुछ तो है

कमरा और किताबें ही बस जिसकी दुनिया हो
वो दिख जाए गर खिड़की पर समझो कुछ तो है

हीरे - मोती रखने वाला कंकर पत्थर से
बाँट रहा हो दर्द अगर समझो कुछ तो है

आसमान से बातें करता रहता है हरदम
गुमसुम कोई लगे समंदर समझो कुछ तो है

'हस्ती' सीधी राहों पर भी किसी मुसाफ़िर के
पाँव पड़ें जो इधर-उधर समझो कुछ तो है

50

प्यास को दर-बदर नहीं करते
फ़िक्र कल की शजर नहीं करते

उनको मिलती नहीं बुलन्दी जो
पस्तियों में बसर नहीं करते

एक सूरज बहुत ज़रूरी है
चाँद-तारे सहर नहीं करते

रोते सब हैं मगर सलीक़े से
अपने दामन को तर नहीं करते

और कोई मदद को आ जाता
आप इमदाद गर नहीं करते

हम बदलते नहीं हवा के साथ
हम पे मौसम असर नहीं करते

51

क्या बताएँ आपको बिछती है चौसर किस तरह
हारता ही जाता है कोई युधिष्ठिर किस तरह

जिसका जितना ज़र्फ़ है उतनी उसकी मुश्किलें
बोझ लहरों का उठाता है समन्दर किस तरह

बाद में परचम बनाना पहले इतना सीख ले
अपने क़द के नाप की बनती है चादर किस तरह

हाथ ज़ख़्मी हो गये हैं तब ये जाना दोस्तो
देवता के रूप में ढलते हैं पत्थर किस तरह

कितना आसां है मगर मुझसे न हो पाया कभी
क़ैद होकर ही रहूँ मैं अपने अंदर किस तरह

भूलकर शिकवे शिकायत राहगीरो सीख लो
आदमी को राह दिखलाती है ठोकर किस तरह

52

ख़्वाब में तेरा आना जाना पहले भी था आज भी है
तुझसे इक रिश्ता अनजाना पहले भी था आज भी है

रंग बदलती इस दुनिया में सब कुछ बदल गया लेकिन
मेरे लबों पर तेरा फ़साना पहले भी था आज भी है

अपने दुख - सुख कह लेना कभी हँस लेना कभी रो लेना
तनहाई से अपना याराना पहले भी था आज भी है

जिस पंछी की परवाज़ों में जोशे-जुनूं भी शामिल हो
उसकी ख़ातिर आबोदाना पहले भी था आज भी है

राहे-वफ़ा में फूल नहीं हैं ख़ार बहुत हैं 'हस्ती जी'
प्यार का दुश्मन सारा ज़माना पहले भी था आज भी है

53

चाहे जिससे भी वास्ता रखना
मिलने जुलने में फ़ासला रखना

चाहे जितनी सजाओ तस्वीरें
आईने के लिए जगह रखना

घर बड़ा हो कोई ज़रूरी नहीं
ये ज़रूरी है दिल बड़ा रखना

वस्ल बुनियाद है जुदाई की
ध्यान में ये भी फ़लसफ़ा रखना

फूल खिलते रहेंगे रिश्तों में
आने जाने का सिलसिला रखना

अपने घर को सजाओ अपनी तरह
खुद से पूछो कहाँ पे क्या रखना

वक़्त दस्तक नहीं दिया करता
अपना दरवाज़ा तुम खुला रखना

54

जो भी आता है फ़क़त अपनी अना को लेकर
कोई मिलता ही नहीं प्यार वफ़ा को लेकर

जगमगाए जो ज़रा भी मेरी खुशियों के चिराग़
लोग दौड़े चले आए हैं हवा को लेकर

बारिशों के सभी अंदाज़ ग़लत निकलेंगे
सिर्फ़ सोचेंगे अगर आप घटा को लेकर

जब से लफ़्ज़ों ने जगह ली है असर ही न रहा
लोग फिरते रहे होठों पे दुआ को लेकर

55

किसने दी है मात न पूछो
राज़ की है ये बात न पूछो

वो क्या जाने दिल की बातें
दुनिया से हर बात न पूछो

उनकी है तो सर से लगा लो
कैसी है सौगात न पूछो

गर्दिश, ख़्वाब, रास्ते, मंज़िल
इतना सब इक साथ न पूछो

प्यार बाँटना काम हमारा
दीवानों की ज़ात न पूछो

56

बड़े-बड़ों को ज्ञान मिला उन बच्चों की नादानी से
काग़ज़ की जो नाव लड़ाते खेल-खेल में पानी से

फूलों की बस्ती में आकर अपना हुनर ही भूल गए
हम ही थे जो चुन लेते थे काँटों को आसानी से

सीधा-सच्चा कहने पर भी कोई समझ ले तब तो ठीक
आज कहाँ वे लोग जो दिल को पढ़ते थे पेशानी से

चोंच जो प्यासी होती तो पानी से लहरें उठती थीं
आँखों देखे सच लगते हैं अब तो किसी कहानी से

सोच-सोच कर हैरत में हूँ कौन-सी मुझसे भूल हुई
सच्ची बात कही तो सबने देखा क्यूँ हैरानी से

57

बाहर है उजियारा अंदर अँधियारा देख रहा हूँ
झूठी मुस्कानों में जीता जग सारा देख रहा हूँ

शीशे को फौलाद बनाने की जो ताक़त रखते हैं
उन शोलों और अंगारों को नाकारा देख रहा हूँ

प्यार बचा रह जाय कहीं ये दुनिया को मंजूर नहीं
हर आँगन हर रिश्ते का मैं बँटवारा देख रहा हूँ

जिनके पाँव उसूलों को दिन-रात कुचलते आए हैं
ऐसे लोगों के लब पर सच का नारा देख रहा हूँ

58

सुबह भी तो होती है रात ही नहीं होती
हार-जीत कोई भी आख़िरी नहीं होती

दोस्त पे करम करना और हिसाब भी रखना
कारोबार होता है दोस्ती नहीं होती

आदमी की कोशिश का वक़्त भी मुक़र्रर है
अब अगर नहीं होती फिर कभी नहीं होती

प्यास के सबब ही तो ज़िन्दगी की रौनक है
प्यास ही न होती तो ज़िन्दगी नहीं होती

ख़ुद चिराग़ बन के जल वक़्त के अँधेरे में
भीख के उजालों से रोशनी नहीं होती

शायरी है सरमाया ख़ुशनसीब लोगों का
बाँस की हर इक़ टहनी बाँसुरी नहीं होती

59

हमको जितने यार मिले
सारे दुनियादार मिले

जब-जब दीवार गिराऊँ
एक नई दीवार मिले

रहे सलामत मेलों में
मंदिर में बटमार मिले

हमें खोज थी इंसां की
गली-गली अवतार मिले

'हस्ती' छोटे से दिल में,
बड़े-बड़े संसार मिले

60

पहले जादू करते हो
फिर दीवाना कहते हो

किस मंज़िल पे ले आये
सिर्फ़ तुम्हीं तुम दिखते हो

हरदम मुझमें रहकर भी
ग़ैरों जैसे मिलते हो

मैं तो मंज़िल पर चाहूँ
तुम राहों में मिलते हो

वही रुलाएँगी इक दिन
जिन बातों पर हँसते हो

61

कौन यहाँ अपना है
अपनों का कहना है

उसके ग़म को मत खो
जीवन का गहना है

हम ऐसे गुल हैं जिन्हें
शाख़ बिना खिलना है

वक़्त चटानों जैसा
दरिया-सा बहना है

सब सुनकर कहते हो
बोलो क्या कहना है

उसका चेहरा पढ़ ले
बाक़ी क्या पढ़ना है

62

सिर्फ़ ख़यालों में न रहा कर
खुद से बाहर भी निकला कर

लब पे नहीं आतीं सब बातें
ख़ामोशी को भी समझा कर

उम्र सँवर जाएगी तेरी
प्यार को अपना आईना कर

जब तू कोई कलम ख़रीदे
पहले उनका नाम लिखा कर

सोच-समझ सब ताक पे रख दे
प्यार में बच्चों सा मचला कर

63

दर्द उसके सीने में भी फ़ासलों का कुछ तो था
मैं अगर गुमसुम था वो भी खोया-खोया कुछ तो था

इक सुकूं सा फूटता था ज़र्रे-ज़र्रे से वहाँ
वो भले मंदिर न था मंदिर के जैसा कुछ तो था

क्या नहीं होता था पिछले दौर में ये सच सही
होने को होता था सब कुछ फिर भी परदा कुछ तो था

संत भी आ जाते हैं सौदागरी पे इस जगह
हो न हो पहले यहाँ पर हाट-मेला कुछ तो था

वैसे तो आँगन से कमरे तक चले आये थे हम
मिट चुकी थी दूरी फिर भी फ़ासलों सा कुछ तो था

64

ज़ख़्मे-दिल जब से आफताब हुए
हर अँधेरे का हम जवाब हुए

हमने अपना लहू पिलाया है
तब ये काँटे कहीं गुलाब हुए

जिसके हर्फ़ों को खा गई दीमक
आज के रिश्ते वो किताब हुए

अपने घर को जो फूँक आये थे
वे मुसाफ़िर ही क़ामयाब हुए

'हस्ती' दुनिया सँवार दी हमने
क्या हुआ हम अगर ख़राब हुए

65

हो गई शहर की हवा पागल
जल रहा है कोई दिया पागल

ज़िन्दगी का हुनर था जिसके पास
उसको दुनिया ने कह दिया पागल

मंज़िलें उसको ही मिली हैं, जो
मंज़िलों के लिए रहा पागल

कौन पागल नहीं ज़माने में
कोई छोटा कोई बड़ा पागल

मेरी औक़ात क्या है किस-किस को
इस जहाँ ने नहीं कहा पागल

66

माना कि बाग़ की कोई हलचल नहीं हूँ मैं
ज़ाहिर हर इक गुल में हूँ ओझल नहीं हूँ मैं

ख़ुशबू ही मैं भी बाँटता रहता हूँ हर घड़ी
है फ़र्क बस ये नाम से सन्दल नहीं हूँ मैं

ग़र शौक की है बात तो फिर और कुछ पहन
छिल जाएगा ये जिस्म कि मखमल नहीं हूँ मैं

झंकार हूँ मैं रूह से महसूस कीजिए
छूकर मुझे न देखिए पायल नहीं हूँ मैं

उसके खिलाये गुल थे उसी पे लुटा दिए
पागल मुझे न जानिये पागल नहीं हूँ मैं

'हस्ती' मुग़ालते में हैं ये सारे शहसवार
अपनी ख़ुदी के रथ पे हूँ पैदल नहीं हूँ मैं

67

मन चाहे मंज़र में है
पंछी फिर भी डर में है

आता है न जाता है
लेकिन एक सफ़र में है

चलते फिरते जोगी के
सारा गाँव असर में है

परदे में रहता है लेकिन
सब कुछ उसकी नज़र में है

खुद की ख़बर नहीं जिसको
'हस्ती' वही ख़बर में है

68

हुई हसरत जवान चुपके से
बन गई दास्तान चुपके से

उम्र के रास्तों में अनहोनी
छोड़ती है निशान चुपके से

देखना तो मकीं को था लेकिन
देख आए मकान चुपके से

मुश्किलें इस तरह भी आई हैं
जैसे टूटे चट्टान चुपके से

हम तो वो हैं सजायें जी भर के
फिर बढ़ा लें दुकान चुपके से

69

वो अँधेरों को भी पुरनूर बना देते हैं
जो चिरागों की तरह दिल को जला देते हैं

कुछ भी दुश्वार नहीं है जो हुनर हाथ में हो
लोग काँटों से भी गुलदान सजा देते हैं

हम यहाँ आते हैं इक और ही दुनिया के लिए
हम मगर और ही एक दुनिया बसा लेते हैं

वो जगह शहर में तब्दील हुई जाती है
तेरे दीवाने जहाँ धूल उड़ा देते हैं

किसका दामन है जो दाग़ों से बचा दुनिया में
कभी लगते हैं कभी लोग लगा देते हैं

70

हम बना लेते हैं हर महफ़िल में ख़ुद अपनी जगह
अपनी नज़रों में नहीं है इसकी या उसकी जगह

चन्द लम्हे साथ लोगों के ज़रा रह लीजिए
ख़ुद बता देंगे वो अपने आप ही अपनी जगह

दूरियाँ हर हाल में अपनी जगह कायम रहीं
कौन था हर बार ये तेरी जगह मेरी जगह

दूसरा अन्दाज़ कोई हमको भाया ही नहीं
या रही तस्वीर तेरी या रही खाली जगह

71

लड़ने की जब से ठान ली सच बात के लिए
सौ आफ़तों का साथ है दिन-रात के लिए

अब है फ़जूल वक़्त कहाँ आदमी के पास
दर और कोई ढूँढिए जज़्बात के लिए

ऐसा नहीं कि साथ नहीं देते लोग-बाग
आवाज़ देके देखो फ़सादात के लिए

पड़ता है असलहे का ज़ख़ीरा भी कम कभी
इक फूल ही बहुत है कभी मात के लिए

इल्ज़ाम दीजिए न किसी एक शख़्स को
मुजरिम सभी हैं आज के हालात के लिए

बाहर हो कोई चाहे शिवाले में हो कोई
हर शख़्स है कतार में ख़ैरात के लिए

चाहत से ही ज़मीं पे न बरसेंगी बदलियाँ
'हस्ती' तपिश है लाज़िमी बरसात के लिए

72

ये तो मुमकिन है कभी कुछ मोजज़ा महसूस हो
ये कहाँ मुमकिन कि इंसां देवता महसूस हो

उसकी ही नज़रों से तुम भी अपनी दुनिया देखना
जब भी कोई शख़्स तुमको बावरा महसूस हो

ख़ूब आती हैं बड़े लोगों को ये चालाकियाँ
कर भी दें बेआसरा तो आसरा महसूस हो

हाल अपना आजकल उस घर की सूरत है जनाब
ठीक हो सब कुछ मगर बिखरा हुआ महसूस हो

यार का घर हो नदी का घाट हो या मैकदा
है वो ही मंदिर जहाँ सुख-चैन सा महसूस हो

'हस्ती' साहब हर क़दम पर चाहिए इतना यक़ीं
हम अकेले ही चलें और क़ाफ़िला महसूस हो

73

ग़म नहीं हो तो ज़िंदगी भी क्या
ये ग़लत है तो फिर सही भी क्या

सच कहूँ तो हज़ार तकलीफ़ें
झूठ बोलूँ तो आदमी भी क्या

बाँट लेती हैं मुश्किलें अपनी
हो न ऐसा तो दोस्ती भी क्या

चंद दाने उड़ान मीलों की
हम परिन्दों की ज़िंदगी भी क्या

रंग वो क्या है जो उतर जाए
जो चली जाए वो ख़ुशी भी क्या

रोशनी देना और जल जाना
है चिरागों की ज़िंदगी भी क्या

रोज़ की छोड़ ये बता क्या हम
याद आए कभी - कभी भी क्या

74

फूल पत्थर में खिला देता है
यूँ भी वो अपना पता देता है

हक़बयानी की सज़ा देता है
मेरा क़द और बढ़ा देता है

बुझने देता नहीं सचाई की आग
कौन दामन से हवा देता है

अपने रस्ते से भटक जाता हूँ
तू मुझे जब भी भुला देता है

मुझमें पा लेने का जज़्बा है अगर,
क्यों ये सोचूँ कोंई क्या देता है

मेरे अश्कों से बचा लो दामन
आग पानी भी लगा देता है

उसने बख़्शी है बड़ाई जबसे,
वो मुझे ग़म भी बड़ा देता है

75

साया बनकर साथ चलेंगे इसके भरोसे मत रहना
अपने हमेशा अपने रहेंगे इसके भरोसे मत रहना

सावन का महीना आते ही बादल तो छा जाएँगे
हर हाल में लेकिन बरसेंगे इसके भरोसे मत रहना

सूरज की मानिंद सफ़र पे रोज़ निकलना पड़ता है
बैठे-बैठे दिन बदलेंगे इसके भरोसे मत रहना

बहती नदी मे कच्चे घड़े हैं रिश्ते, नाते, हुस्न, वफ़ा
दूर तलक ये बहते रहेंगे इसके भरोसे मत रहना

76

शीशे के मुक़द्दर में बदल क्यों नहीं होता
इन पत्थरों की आँख में जल क्यों नहीं होता

कुदरत के उसूलों में बदल क्यों नहीं होता
जो आज हुआ है वही कल क्यों नहीं होता

हर झील में पानी है हर इक झील में लहरें
फिर सबके मुक़द्दर में कँवल क्यों नहीं होता

जब उसने ही दुनिया का ये दीवान रचा है
हर आदमी प्यारी-सी ग़ज़ल क्यों नहीं होता

हर बार न मिलने की क़सम खा के मिले हम
अपने ही इरादों पे अमल क्यों नहीं होता

हर गाँव में मुमताज़ जनम क्यों नहीं लेती
हर मोड़ पे इक ताजमहल क्यों नहीं होता

77

प्यार का पहला ख़त लिखने में वक़्त तो लगता है
नये परिंदों को उड़ने में वक़्त तो लगता है

जिस्म की बात नहीं थी उनके दिल तक जाना था
लंबी दूरी तै करने में वक़्त तो लगता है

गाँठ अगर लग जाए तो फिर रिश्ते हों या डोरी
लाख करें कोशिश खुलने में वक़्त तो लगता है

हमने इलाजे-ज़ख़्मे-दिल तो ढूँढ़ लिया लेकिन
गहरे ज़ख़्मों को भरने में वक़्त तो लगता है

78

चाहे जितने तोड़ लो तुम मंदिरों के वास्ते
फूल फिर भी कम न होंगे तितलियों के वास्ते

ज़िंदगी है ज़िंदगी उन काग़ज़ों की ज़िंदगी
प्यार में जो काम आए चिट्ठियों के वास्ते

सीढ़ियाँ, पतवार, साया, रास्ता, रहबर, चिराग़
जाने क्या - क्या हम बने हैं दोस्तों के वास्ते

हौसला, हिम्मत, इरादा और जुनूं दरकार है
रास्ते ही रास्ते हैं मंज़िलों के वास्ते

अस्ल में मुजरिम जो थे घर में ख़ुदा के जा छुपे
रह गए मासूम ही बस सूलियों के वास्ते

अक्लवालों को न रास आई कभी ये ज़िंदगी
सच तो ये है ज़िंदगी है सरफ़िरों के वास्ते

79

हम क्या समझे वो क्या निकला
चेहरे में से चेहरा निकला

नाज़ था जिनको ख़ुद्दारी पर
उनकी बगल में कासा निकला

पानी की बहुतात थी जिसमें
और ज़ियादा प्यासा निकला

धर्म सभाओं की सूरत में
मतलब अपना - अपना निकला

जाने कितने सपने देखे
जीवन खुद इक सपना निकला

पेड़ नदी सब सजदे में हैं
शायद इक बंजारा निकला

पत्थर - दिल के कोने में भी
हँसता - रोता बच्चा निकला

मंदिर - मस्जिद सब देख आए
दिल का और ठिकाना निकला

'हस्ती' हर जीवन चादर पर
कोई - न - कोई धब्बा निकला

80

इस बार मिले हैं ग़म कुछ और तरह से भी
आँखें हैं हमारी नम कुछ और तरह से भी

शोला भी नहीं उठता, काजल भी नहीं बनता
जलता है किसी का ग़म, कुछ और तरह से भी

हर शाख़ सुलगती है हर फूल दहकता है
गिरती है कभी शबनम कुछ और तरह से भी

मंज़िल ने दिये ताने रस्ते भी हँसे लेकिन
चलते रहे अक्सर हम कुछ और तरह से भी

दामन कहीं फैला तो महसूस हुआ यारो
क़द होता है अपना कम कुछ और तरह से भी

उसने ही नहीं देखा ये बात अलग वरना
इस बार सजे थे हम, कुछ और तरह से भी

तन बुनता है चदरिया, मन बुनता है पीर
दास कबीरा सी रही, अपनी भी तक़दीर